DU RÉGIME DE LA PROPRIÉTÉ

ET

DES SUCCESSIONS IMMOBILIÈRES

CONCERNANT LES ÉTRANGERS RÉSIDANT EN TURQUIE

PAR

GUSTAVE CIRILLI

AUTEUR DE L'OUVRAGE

LE RÉGIME DES CAPITULATIONS

Par « Un Ancien Diplomate »

———

(Extrait de *LA RÉFORME SOCIALE*)

(1er MAI 1900)

———

PARIS

AU SECRÉTARIAT DE LA SOCIÉTÉ D'ÉCONOMIE SOCIALE

54, RUE DE SEINE, 54

———

1900

SOCIÉTÉ INTERNATIONALE D'ÉCONOMIE SOCIALE

La Société, fondée par Le Play, s'est constituée le 27 novembre 1856, pour remplir le vœu exprimé par l'Académie des sciences, en couronnant l'ouvrage intitulé les *Ouvriers européens*. Elle applique à l'étude comparée des diverses constitutions sociales la méthode d'observation, dite des monographies des familles. Elle reproduit les monographies les plus remarquables dans le recueil intitulé les *Ouvriers des deux mondes*, et publie le compte rendu *in extenso* de ses séances dans la *Réforme sociale*, bulletin de la *Société d'économie sociale et des Unions*.

La *Société d'Économie sociale* se compose de *Membres honoraires* versant une cotisation de 100 francs par an, au minimum, et de *Membres titulaires* payant 25 francs. L'un et l'autre de ces deux prix donnent droit à recevoir la *Réforme sociale*, qui est adressée à tous les Membres deux fois par mois, le 1er et le 16 ; et les *Ouvriers des deux mondes* qui paraissent par fascicules trimestriels.

De 1865 à 1885 le *Bulletin* des séances forme 9 vol. in-8° avec tables méthodiques. La collection complète (rare) : 68 francs. — Depuis 1886, le *Bulletin* est remplacé par la *Réforme sociale*.

LES UNIONS DE LA PAIX SOCIALE

Les *Unions* ont pour but de propager et de mettre en pratique les doctrines de l'*École de la paix sociale* Elle sont réparties par petits groupes en France et à l'étranger. Leur action s'exerce par l'intermédiaire de CORRESPONDANTS locaux.

Les membres sont invités à transmettre au secrétariat général les faits qu'ils ont pu observer autour d'eux, ou les renseignements qui sont parvenus à leur connaissance. Ces communications sont, suivant leur importance, mentionnées ou reproduites dans la *Réforme sociale*.

Les *Unions* se composent de membres *associés* et de membres *titulaires*. Les membres *associés* versent une cotisation annuelle de 15 francs (France et étranger) qui leur donne droit à recevoir deux fois par mois la *Réforme sociale*, *bulletin* de la *Société* et des *Unions*. Les *membres titulaires* concourent plus intimement aux travaux qui servent de base à la doctrine des *Unions* ; ils payent, outre la cotisation annuelle, un droit d'entrée de 10 francs au moment de leur admission et reçoivent, en retour, pour une *valeur égale* d'ouvrages choisis dans la *Bibliothèque de la paix sociale* et livrés au prix de revient.

Pour être admis dans les *Unions de la paix sociale*, il faut être présenté par un membre, ou adresser directement une demande d'admission au Secrétaire général, rue de Seine, 54, à Paris. — Les noms des membres nouvellement admis sont publiés dans la *Réforme sociale*.

COMITÉ DE DÉFENSE ET DE PROGRÈS SOCIAL

La *Réforme sociale* publie *in extenso* la plupart des conférences faites sous les auspices du *Comité de défense et de progrès social*. Chacune des conférences de 1895, 1896, 1897 et 1898 a été éditée, en vue de la propagande, en une brochure in-18 au prix de Cinq centimes. (Envoi *franco* à partir de 10 exemplaires).

DU RÉGIME DE LA PROPRIÉTÉ

ET

DES SUCCESSIONS IMMOBILIÈRES

CONCERNANT LES ÉTRANGERS RÉSIDANT EN TURQUIE

PAR

GUSTAVE CIRILLI

AUTEUR DE L'OUVRAGE

LE RÉGIME DES CAPITULATIONS

Par « Un Ancien Diplomate »

(Extrait de *LA RÉFORME SOCIALE*)

(1er MAI 1900)

PARIS

AU SECRÉTARIAT DE LA SOCIÉTÉ D'ÉCONOMIE SOCIALE

54, RUE DE SEINE, 54

1900

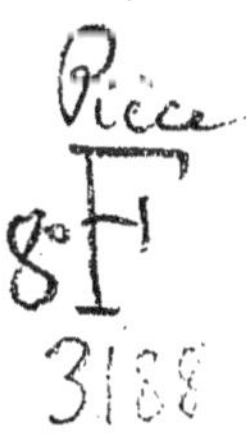

DU RÉGIME DE LA PROPRIÉTÉ

ET DES SUCCESSIONS IMMOBILIÈRES

CONCERNANT LES ÉTRANGERS RÉSIDANT EN TURQUIE

Si peu initié qu'on soit en France au système des législations étrangères, on sait cependant que les Européens résidant dans l'empire ottoman sont gouvernés par un régime de faveur qui forme une exception — la seule — dans le droit public ou international, et qu'on appelle le régime des capitulations. Ce système les rend justiciables des lois de leur propre pays devant leurs consulats respectifs, pour tout ce qui concerne leur statut personnel, leurs dispositions testamentaires, leurs différends avec leurs propres compatriotes ou les nationaux étrangers ; les contraventions ou délits dont ils peuvent se rendre coupables échappent même, à la faveur du régime dont ils jouissent, à la juridiction locale pour ne relever que de leurs tribunaux consulaires.

Sous l'empire d'une telle législation et jusqu'à une date récente, il était formellement interdit aux étrangers de se rendre acquéreurs d'immeubles en Turquie, la propriété, en pays d'Islam, étant réputée terre sacrée et les « infidèles » n'ayant pas qualité pour la posséder. Cet ostracisme a dû céder cependant devant les progrès des moyens de communications, du contact des races et de l'envahissement de l'Europe, surtout de la France, à la suite de la campagne de Crimée, qui, en sauvant la Turquie d'une catastrophe irrémédiable, devait la rendre plus accessible à notre influence et, par conséquent, à notre pénétration.

Dès 1867, par un rescrit impérial portant la date mémorable du 7 séfer 1284, le gouvernement ottoman promulguait que les étrangers étaient admis désormais au même titre que les sujets ottomans à jouir du droit de propriété des immeubles urbains ou ruraux dans toute l'étendue de l'empire, à l'exception toutefois de la province sacrée du Hedjaz, mais à la condition formelle de se soumettre aux lois et règlements qui régissent les sujets ottomans eux-mêmes, en tout ce qui concerne leurs biens immeubles.

Cette révolution dans le domaine législatif allait créer aux Européens une situation particulière en les séparant de leurs juges naturels, au moins en ce qui regarde les affaires de propriété et toutes les questions qui s'y rattachent. A l'heure actuelle, après plus de trente ans d'expérience, quelles sont au juste les conséquences de la loi du 7 séfer? Quel est l'état réel qu'elle a créé à la famille européenne, habile désormais à acquérir, à posséder et à transmettre des immeubles? Il serait intéressant de le rechercher.

Les immeubles, dans l'empire ottoman, sont régis par deux législations différentes, l'une religieuse ou *chériat* et l'autre civile; la première émane du Coran et de la tradition; elle se compose de la doctrine des commentateurs orthodoxes du texte sacré et des décisions de la jurisprudence musulmane; par sa nature, elle est immuable et ne saurait subir ni altération, ni changement. La seconde, au contraire, est d'origine récente et diffère complètement, par son caractère, de la précédente; elle est l'œuvre des derniers sultans qui ont reconnu la nécessité d'adopter un corps de lois positives en harmonie avec les conditions actuelles de la vie nationale et susceptible de recevoir les modifications qui seraient jugées utiles.

Mais cette réforme n'a pu être que partiellement accomplie par suite de l'opposition qu'elle a rencontrée de la part des ulémas, défenseurs autorisés des traditions. L'ancienne législation a été conservée avec ses organes judiciaires distincts; le cercle de son domaine a été seulement réduit.

Le Code de la propriété foncière, publié le 21 avril 1858, a déterminé, en effet, d'après la classification des terres, les limites de la compétence des deux législations. Les immeubles y sont divisés en cinq catégories, à savoir:

Les *mulk*, qui sont la propriété absolue des particuliers;

Les *mirié*, appartenant à l'État;

Les *mevcoufé*, qui sont affectés à une destination particulière et au nombre desquels se trouvent les « vacouf » proprement dits;

Les *métroulé*, laissés pour l'usage public;

Enfin les terres *mévat* ou mortes.

En dehors de cette division générale, il existe encore une autre espèce de propriété appelée *guédik*, qui tient à la fois du mulk et du vacouf et résulte de l'affectation d'une partie d'un immeuble à l'exercice d'une industrie particulière.

Or, la loi religieuse régit la propriété *mulk*, les *vacouf* et les *guédik*, tandis que les *mulk*, les *mirié*, les *mevcoufé*, les *métroulé* et les *mévat* suivent le régime établi par la loi civile. Avant de rechercher quelle est la situation faite aux étrangers en cette double matière, il est utile d'examiner, d'une part, les conditions légales de la propriété gouvernée par la loi religieuse, d'autre part, les dispositions fondamentales de la loi civile relatives aux biens qu'elle régit (1).

LÉGISLATION RELIGIEUSE

Terres mulk, vacouf, guédik.

Bien que cette législation concerne plus particulièrement les sujets ottomans, elle peut, en certains cas, se rapporter aux Européens, obligés, ainsi qu'il a été dit plus haut, de se conformer à toutes les lois relatives à la propriété foncière dans la jouissance, la transmission, l'aliénation et l'hypothèque de ces propriétés.

Les biens *mulk* existants sur le sol ottoman représentent les terres qui, lors de l'invasion musulmane, ont été partagées entre les chefs militaires de l'Islam ou laissées, en vertu de stipulations spéciales et moyennant le payement de l'impôt, entre les mains des populations vaincues. Le nombre des immeubles s'est accru, depuis cette époque, par les terres et les habitations qui, distraites du domaine public, ont été concédées par les sultans à des particuliers en toute propriété. Cette classe d'immeubles est la seule dont le régime légal réponde à la définition que l'article 544 de notre Code civil donne de la propriété, c'est-à-dire que le possesseur d'un immeuble mulk a la faculté d'en jouir et d'en disposer en toute liberté et de la manière la plus absolue, sous l'unique réserve de n'en faire aucun usage contraire aux lois. Il lui est accordé, en outre, en cas de vente d'un terrain contigu, un droit de préférence dénommé droit de « chuf'a », par lequel il peut, à condition égale de prix, écarter à son gré tout autre acquéreur.

Les arbres, et généralement tout objet qui est tellement incorporé au sol qu'on ne peut l'en arracher sans le détériorer, en même temps que la chose, sont également considérés comme mulk par accession. Les instruments aratoires servant à une exploitation rurale ont le même caractère en raison de leur destination.

Les *vacoufs* comprennent, d'une part, les immeubles urbains, terres arables, forêts dont les revenus ont été consacrés, au

---

(1) Voir, à ce sujet la très intéressante étude qui a été publiée dans *les Oo-vriers Européens*, avec le concours de Suavi Effendi, sur la constitution de la propriété territoriale en Turquie. (*Le forgeron bulgare des usines à fer de Samakowa*; chap. VI, § 17), dans le tome II des *Ouvriers Européens*, par Le Play.

moment de l'organisation de la conquête, à la construction et à l'entretien perpétuel des mosquées et des établissements d'utilité publique, tels que les universités (médressés) écoles, bibliothèques, hôpitaux, hôtelleries pour les pauvres, etc., et, d'autre part, les nombreuses fondations pieuses par lesquelles soit les sultans et les princes de leur famille, soit les particuliers ont fait abandon de tout ou partie de leurs biens et en ont affecté la propriété et les revenus à la création d'œuvres de bienfaisance ou d'utilité générale. La plupart de ces fondations ont pour objet le soulagement des nécessiteux, l'édification et l'entretien de fontaines, puits, ponts, etc.

Les vacoufs proprement dits sont inaliénables et ne peuvent donner lieu à aucun acte de vente, hypothèque, donation. La propriété, d'après la loi religieuse, est censée en avoir été transportée à Dieu (*fi sebil illah*) et les hommes n'en ont que l'usufruit. Les vacoufs de l'empire se composent également des immeubles achetés par les administrations des mosquées, lesquels sont soumis à des règles moins étroites. Ces acquisitions s'effectuent habituellement de la manière suivante : le propriétaire d'un immeuble en fait abandon à la mosquée à titre de vaqf, pour une somme de beaucoup inférieure à sa valeur réelle, et continue à en jouir en acquittant une redevance dont le chiffre représente approximativement l'intérêt de la somme qu'il a reçue. Cette opération est avantageuse pour les deux parties. La mosquée y trouve, en effet, un placement solide pour ses fonds, le vaqf étant garant du payement de la redevance ; le défaut de payement pendant trois ans lui donnerait, du reste, le droit d'en prendre possession et d'en disposer librement. Elle n'est tenue à aucune charge, ni fondamentale, ni locative ; enfin, si le fondateur vient à décéder sans héritiers, la propriété lui est acquise d'une manière définitive et absolue. De son côté, le fondateur du vaqf reste possesseur de son immeuble, qu'il peut occuper selon ses convenances ou donner à loyer, et il transmet ce droit de possession à ses enfants. Il trouve, en outre, dans cette combinaison un moyen de se soustraire aux conséquences des poursuites judiciaires qui pourraient être exercées contre lui pour des dettes contractées postérieurement à l'établissement du vaqf, puisque l'immeuble auquel a été attribué ce caractère sacré devient, par le fait, insaisissable.

Dans le langage actuel de la législation, les vacoufs sont divisés en deux catégories comprenant : la première, les immeubles *muçaccafat* ou recouverts d'une toiture, c'est-à-dire les constructions et bâtisses de toute nature ; la deuxième, les immeubles *moustaghillat* ou à ciel ouvert, qui produisent ou dont on peut retirer un revenu. Les biens vacoufs susceptibles de rapport sont généralement donnés à loyer à un prix fixe (*idjaré*) et pour un temps déterminé. Dans certaines circonscriptions, le mode le plus particulièrement adopté est celui de la location perpétuelle, dite « idjaréteïn » ou à double redevance : l'une, dont le montant représente la valeur de l'immeuble, se paye au moment même de la signature de l'acte ; l'autre, d'un chiffre minime, constitue le loyer proprement dit et s'acquitte annuellement.

Il existe encore une autre forme de location perpétuelle de ces biens, dite « muqatta'a », par laquelle le possesseur de l'immeuble vacouf s'affranchit, moyennant le payement d'une somme fixe, de toute espèce d'obligation, vis-à-vis de l'administration des fondations pieuses, autre que celle du versement de la modique redevance sus-mentionnée, qui est le trait distinctif des biens perpétuels, « idjaréteïn ». Les constructions et plantations faites sur un sol devenu muqatta'a sont considérées comme mulk.

L'administration des vacoufs rentre dans les attributions spéciales du ministère de l'Evcaf, à l'exception de ceux qui ont été fondés par des particuliers. Ces derniers sont gérés, d'après les clauses contenues dans l'acte constitutif du vaqf, par l'administrateur (mutevelli) désigné par le fondateur, et sous la surveillance d'un inspecteur (nazir) relevant du ministère de l'Evcaf.

Quant aux *guédik*, dont la constitution ne paraît pas remonter au-delà de deux siècles, ils consistent dans l'acquisition, en échange d'une rente annuelle, d'une portion d'immeuble pour y exercer, à perpétuité, un métier ou une profession quelconque. Les guédiks sont mulk ou vacouf, selon la nature de l'immeuble dont ils font partie ou le caractère que leur a donné le fondateur. Leur nombre et leur emplacement sont déterminés par l'autorité compétente. La plupart ont un emplacement fixe et qui ne peut être changé, mais un certain nombre, dits « havaï » ou ambulants, peuvent être transportés par leur titulaire en quelque lieu que ce soit.

D'après les dispositions restrictives de la loi qui a réglementé cette matière, l'établissement d'un guédik ne peut avoir lieu qu'en vertu d'un firman et est limité à quatre professions : les marchands de farine, de frangeoles (pain de luxe), de pain et de tabac. Le jugement des questions litigieuses et la conclusion de tous les actes contractuels relatifs aux guédik des trois premières de ces professions appartiennent exclusivement au mehkémé de Stamboul, tandis que, pour les marchands de tabac, cette compétence est dévolue aux mehkémés locaux. Ces tribunaux, en cas de mutation, délivrent au nouvel acquéreur le titre de propriété ou de possession, selon qu'il s'agit d'un guédik mulk ou vacouf, sur la présentation d'un certificat du chef de la corporation.

La loi précitée n'est point favorable, du reste, au maintien de ce genre de propriété ; elle a interdit la création de nouveaux guédik havaï à titre de vaqf, et elle dispose, en même temps, que tout guédik, soit mulk, soit vacouf, dont le titulaire sera décédé sans héritiers, et qui deviendra, dès lors, vacant, « mahloul », ne sera plus remis aux enchères et devra être rayé du registre du mehkémé où il était inscrit.

Les prescriptions de la loi religieuse applicables aux biens mulk et vacouf sont exposées en détail dans les livres de droit musulman. Mais ces prescriptions ne sauraient être considérées comme une doctrine donnant un ensemble de règles admises sans discussion ; elles donnent lieu, au contraire, à de grandes difficultés dans la pratique, par suite des divergences d'opinion qu'elles ont suscitées de la part des nombreux commentateurs qui les ont interprétées.

LÉGISLATION CIVILE

Terres mirié, mevcoufé, métrouké et mévat.

Ces différentes classes d'immeubles sont régies par le Code de 1858 sur la propriété foncière, lequel a été complété ultérieurement par plusieurs dispositions législatives et réglementaires importantes.

D'après cette loi fondamentale, les terres *mirié* ou *émirié* consistent en champs, forêts, montagnes, lieux de campement et parcours d'été et d'hiver appartenant à l'État et dont la possession est acquise en vertu d'un titre appelé « tapou » qui est délivré par l'agent du ministère des finances dans la localité où est sis l'immeuble. Ce titre, revêtu du sceau impérial, est remis à l'ayant-droit contre le versement au Trésor de la somme qui a été fixée comme prix de la possession.

Les terres *mevcoufé*, qu'il faut se garder de confondre avec les vacouf proprement dits dont il a été question plus haut, sont celles qui, distraites du domaine public, ont été converties en vacouf et dont les revenus ont été affectés, par les souverains et les membres de leur famille ou par des particuliers, à une destination déterminée dont ils ne peuvent être détournés. Cette classe de terres, qui compose la plus grande partie des vacoufs qui couvrent le sol de l'empire, relève, comme celle des mirié, du domaine public ; elles sont soumises les unes et les autres au même régime, à la seule différence que les contributions provenant des terres mirié entrent dans les caisses du Trésor, tandis que celles concernant les terres mevcoufé sont remises à leur destination. D'un autre côté, les droits de vente et de transmission par héritage sont perçus, pour les premières, par l'agent du fisc, et sont versés, pour les secondes, entre les mains de l'administration des vacoufs. .

D'après le principe général qui domine la législation relative à cette double catégorie d'immeubles, et en forme le trait caractéristique, l'État, en sa qualité de propriétaire, doit intervenir, sous peine de nullité, dans tous les actes ayant pour objet de changer les conditions primitives de la possession ; la surface du sol ne peut non plus être modifiée ni par des constructions, ni par des plantations sans son autorisation expresse. Il en résulte que si le possesseur par « tapou » a la faculté de se livrer à toutes les variétés de culture que comporte le climat et s'il a le *jus utendi et fruendi*, il ne lui est pas permis de toucher à la substance de la chose. Ainsi, il lui est interdit de travailler la terre pour en faire des briques ou des tuiles.

En cas de contravention, le détenteur sera tenu de payer le prix de la terre employée par lui, selon la valeur qu'elle aura sur les lieux. Il lui est également défendu de couper et enlever les arbres venus naturellement, à moins qu'il s'agisse d'un bois ou d'une forêt donnée en tapou, auquel cas il lui serait loisible de les abattre pour transformer le sol en champ de culture. Quant aux bâtisses, telles que fermes, moulins, enclos, bergeries, etc., qu'il aurait construites, et aux arbres fruitiers ou non fruitiers qu'il aurait plantés de sa propre initiative et sans avoir obtenu la permission nécessaire, l'agent de l'autorité peut, à son gré, les faire abattre ou arracher. La loi limite cependant, en ce qui concerne les arbres, l'exercice de ce pouvoir à trois ans, c'est-à-dire au moment où ils sont arrivés à l'état de rapport. Elle stipule, d'autre part, que les constructions bâties et les arbres fruitiers ou non fruitiers plantés avec l'assentiment de l'autorité, et, après le terme sus-indiqué de trois ans, ceux même qui l'ont été sans cette autorisation, deviendront la propriété mulk du possesseur qui en aura, dès lors, la libre disposition, sous la réserve de payer l'impôt réglementaire ; il acquiert pareillement la pleine propriété des arbres venus naturellement qu'il aura greffés et élevés.

Le détenteur a la faculté de vendre la terre qu'il possède par tapou. Toutefois, l'accord entre le vendeur et l'acheteur ne suffit pas pour que la vente soit conclue. L'aliénation n'est valable et définitive que lorsqu'au consentement des parties se joint l'adhésion de l'agent du domaine.

La vente peut être faite sans stipulation de prix, ou moyennant une somme déterminée. La loi n'admet de résiliation que dans le cas de non payement du prix convenu ; mais elle a prévu plusieurs circonstances qui peuvent la vicier et la rendre nulle. Parmi ces causes d'annulation se trouvent notamment les faits de violence ou de dol dûment constatés, et l'incapacité légale de l'un des contractants, qu'il s'agisse d'acquisitions ou ventes effectuées par des mineurs ou interdits, ou de ventes opérées par les tuteurs ou curateurs sans y avoir été autorisés en justice. Les pupilles, dans cette dernière hypothèse, ont, pendant dix ans après leur majorité, le droit de réclamer la restitution de leurs biens. La vente est aussi annulable si elle a été faite à des conditions non reconnues par la loi religieuse, comme dans le cas, par exemple, où l'acquéreur se serait engagé à prendre soin de quelqu'un jusqu'à sa mort et à lui assurer une bonne existence. En outre, certaines personnes, en faveur desquelles des droits de préférence ont été établis, peuvent en obtenir la rescision, si elle a eu lieu à leur détriment ; ainsi la terre qui renferme des constructions ou arbres mulk revient de droit, si elle est mise en vente, au propriétaire des dits bâtiments et plantations, si ce dernier manifeste l'intention d'en acquérir la possession par tapou, à la condition, bien entendu, d'en payer le prix offert par le plus fort enchérisseur ; et, réciproquement, le propriétaire de bâtiments et arbres mulk, qui n'a pas, en même temps, la possession du fonds, ne peut les céder à un tiers autre que le possesseur de la terre, si celui-ci se porte acquéreur à parité de prix.

La partie lésée a la faculté, pendant dix ans, d'attaquer la vente, et, si elle intente une action en revendication, la chose lui sera restituée pour sa valeur au moment de l'introduction de sa demande. En assurant, à l'occasion, lorsqu'elles sont distinctes, la réunion sur la même personne de la possession de la terre et de la propriété des bâtisses et des arbres, l'application du droit de préférence dont il s'agit tend à atténuer les inconvénients qui résultent de cette séparation et qu'augmente encore la différence de législation selon la nature des biens.

Relativement à la transmission par héritage des terres mirié et mevcoufé, la loi de 1858 dispose qu'au décès du possesseur mâle ou femelle, les immeubles en sa possession passent, par portions égales, sans frais ni formalités d'achat, à ses enfants des deux sexes ; à défaut d'enfants, au père, et à défaut du père, à la mère, et s'il n'existe ni descendants, ni ascendants de ce degré, ils seront concédés, sous réserve des droits des absents, aux collatéraux, moyennant le payement de la taxe du tapou, et, à défaut de collatéraux, ils seront mis aux enchères et adjugés au plus offrant et dernier enchérisseur. Mais ces stipulations ont été complètement modifiées par une loi subséquente (21 mai 1867) qui, dans le but de fortifier et de consolider le droit de possession et de favoriser, par ce moyen, le développement de l'agriculture et des transactions commerciales, a étendu jusqu'au huitième degré la transmissibilité des biens en question, précédemment limitée aux descendants et aux père et mère.

Le droit successoral est maintenant établi dans l'ordre suivant :
1° Les enfants de l'un ou l'autre sexe ;
2° Les petits-enfants ;
3° Les père et mère ;
4° Les frères germains et consanguins ;
5° Les sœurs germaines et consanguines ;
6° Les frères utérins ;
7° Les sœurs utérines ;
8° Le survivant des époux.

En l'absence d'héritiers de l'un de ces degrés, les immeubles deviennent « mahloul », c'est-à-dire vacants, et l'État en reprend la libre disposition.

Bien que les héritiers d'un degré supérieur excluent ceux des degrés subséquents, les descendants des fils et filles prédécédés sont admis, par droit de représentations, à recueillir, dans la succession de leur grand'père et de leur grand'mère, la part afférente à leurs père et mère décédés. Il est attribué, en outre, à l'époux survivant un quart de part sur les biens transmissibles aux héritiers du 3ᵉ ou 7ᵉ degré.

Quelques jours après la promulgation de la loi précitée, un nouvel iradé en prescrivait l'application aux vacoufs dits « muçac-cafat » et « moustaghillat » donnés à loyer à un prix fixe et pour un temps déterminé. Cette mesure a été confirmée et complétée par la loi du 4 août 1875, dont le texte n'est guère que la reproduction de celle relative à l'extension des droits d'hérédité édictée pour les biens du domaine public. La loi de 1875, qui marque un premier pas vers la sécularisation des vacoufs, ne concerne toutefois que les vacoufs fondés par les sultans ou les membres de leur famille et ceux qui, par suite de l'extinction des descendants de leurs fondateurs, sont administrés par le ministère de l'Evcaf; elle ne s'étend pas de plein droit aux vacoufs institués par des particuliers. Pour ces derniers, les fondateurs sont simplement autorisés à modifier, s'ils le désirent, les conditions de la constitution de leurs vaqfs.

En vue de compenser les pertes résultant, pour la caisse de l'Evcaf, de cette réforme qui réduirait, dans une proportion consirable, les chances de déshérence, les immeubles vacoufs sus-indiqués ont été soumis à une redevance annuelle de 1/1000 de la valeur; et, à cet effet, il est procédé, tous les cinq ans, à une nouvelle estimation. Les droits de succession ont été, en même temps, élevés, pour les héritiers du premier degré, à 15 %, calculés sur la base de la valeur estimative des biens, à 30 % pour ceux du deuxième, à 40 pour ceux du troisième et à 50 pour les héritiers des autres degrés.

Les dispositions qui précèdent sont aussi applicables aux guédiks.

Indépendamment du cas de déshérence provenant du défaut des parents des degrés successibles, la loi fondamentale de 1858 a prévu diverses circonstances où les terres mirié et mevcoufé peuvent être soumises, de nouveau, à la formalité du tapou et adjugées à un autre possesseur; les stipulations qu'elle renferme à cet égard ont pour unique but de sauvegarder les intérêts du fisc en assurant autant que possible le rendement des terres; ainsi, la partie du sol sur laquelle ont été élevés des bâtiments ou planté des arbres devenus propriété mulk est mise aux enchères, si ces constructions viennent à tomber en ruines et si les arbres sont arrachés, à moins que le terrain ait passé par héritage ou autrement entre les mains de la même personne qui était propriétaire des constructions et des arbres. En principe et d'une manière générale, est déchu de son droit de possession tout détenteur qui a laissé la terre sans culture pendant trois ans consécutifs; s'il décède, ses héritiers ne sont pas admis à continuer la possession; la terre est remise en adjudication et il leur est accordé seulement, s'ils veulent se porter acquéreurs, un droit de préférence vis-à-vis des tiers, à condition égale de prix. Il en est de même pour les lieux de parcours et de vaine pâture d'été et d'hiver et dont il n'aurait pas acquitté la dîme. Pareillement, quiconque, ayant comblé, en vertu d'un iradé impérial, des espaces pris sur la mer ou des étangs, est devenu propriétaire de ces terrains, sera déchu de ses droits, s'il laisse passer trois ans sans en faire usage, et la propriété des dits terrains pourra être adjugée à un autre.

Pour le même motif, les terres possédées par les habitants d'un village qui, sans raison plausible, auraient abandonné leurs demeures ou qui n'y seraient pas revenus dans les trois ans à partir du moment où les circonstances qui les auraient forcés de s'éloigner auront disparu, seront revendues conformément à la formalité du tapou.

La prescription triennale dont il s'agit ne court pas contre les mineurs et les interdits, mais l'autorité a le droit d'intervenir auprès du tuteur ou du curateur qui laisserait incultes les terres possédées par le pupille ou l'interdit et de les affermer, au besoin, pour le compte des intéressés. Elle est également suspendue, en temps de guerre, en faveur des militaires présents sous les drapeaux ou détenus prisonniers. En pareil cas, la terre ne peut être remise en vente que lorsque le décès de l'absent aura été dûment constaté; si elle avait passé en d'autres mains, le militaire, quelle que soit la date de son retour, aura toujours le droit d'en revendiquer la possession.

D'autre part, les causes qui mettent obstacle à la culture interrompent aussi la prescription; tel est, par exemple, le cas de terrains qui ont été submergés par les eaux; elle ne reprendra son cours qu'à partir du moment où le travail agricole sera redevenu possible par leur retrait. L'intervalle de temps pendant lequel, dans certaines localités, la terre est laissée en jachères et qui est, d'habitude, d'une ou deux années, selon la qualité du sol et le genre de culture, n'entre pas davantage en ligne de compte au point de vue de la prescription.

En même temps que, dans l'intérêt du fisc, la loi a déclaré déchu de son droit le possesseur qui laisse sa terre improductive, elle a garanti la possession à tout individu qui aura occupé de bonne foi une terre et qui l'aura cultivée sans contestation pendant dix ans ; à l'expiration de ce terme, il lui sera délivré, sans frais, un titre de tapou. Elle a attribué de même la propriété des fruits, moyennant le payement de la dîme, à celui qui aura ensemencé un champ dont la possession n'est à personne ; s'il venait à décéder avant la récolte, les fruits pendants ou à venir appartiendraient à ses héritiers, sans que ni l'autorité ni un tiers puissent se les approprier.

Il reste à examiner la vente des immeubles en payement des dettes. Les modifications libérales apportées au Code de 1858 et qui ont été exposées ci-dessus, en ce qui concerne la transmission successorale des biens mirié et mevcoufé, ainsi que de certaines classes de vacoufs, ont été suivies de la publication de deux lois relatives l'une, à la vente des immeubles en payement des dettes et l'autre, à l'hypothèque.

Pour se rendre compte de la première de ces lois, il n'est pas inutile de rappeler que, sous l'empire de la législation de 1858, les terres mirié et mevcoufé ne pouvaient être vendues en payement des dettes contractées par le possesseur sans son consentement. Il lui était seulement loisible de céder, avec le concours du préposé du domaine, son immeuble à son créancier, avec clause de restitution au moment de l'extinction de la dette. En cas de non payement à l'échéance, la possession de l'immeuble était acquise définitivement au créancier qui devenait, dès lors, libre de le garder ou de le mettre aux enchères. Cette cession était considérée comme une vente en garantie de payement et avec clause résolutoire. Les représentants des puissances à Constantinople avaient réclamé, à diverses reprises, contre les entraves qu'un semblable système apportait à l'exécution des jugements rendus au profit de leurs nationaux contre les sujets ottomans. Les autorités administratives chargées, à cette époque, de ces exécutions qui sont aujourd'hui dévolues aux présidents des tribunaux, à savoir, le kiatib effendi, chef du bureau du contentieux de la Porte, pour les jugements prononcés par les tribunaux de la capitale, et les valys, mutessarifs, caïmakams, pour les sentences émanées des tribunaux des provinces, étaient, en effet, complètement désarmées vis-à-vis des débiteurs influents. L'emprisonnement, mode régulier d'exécution, d'après le *chéri*, leur était difficilement applicable ; il était nécessaire pour l'obtenir de recourir à l'intervention directe du ministère des affaires étrangères et du grand vizir, qui ne s'y prêtaient qu'exceptionnellement sur les démarches réitérées des ambassades. D'un autre côté, la saisie mobilière était impraticable contre les débiteurs musulmans, le respect des usages et des mœurs ne permettant pas de pénétrer dans les appartements réservés au harem. Et pourtant il se rencontrait des cas où le débiteur récalcitrant possédait des immeubles urbains et ruraux, des fermes ou « chiflitks ». L'impuissance du pouvoir exécutif plaçait les créanciers dans une situation intolérable. Dans le but de remédier à cet état de choses, une nouvelle loi décida que les immeubles mirié et mevcoufé ainsi que certaines classes de vacoufs, pourraient être désormais vendus sans le consentement du débiteur, en exécution des jugements rendus en dernier ressort et non susceptibles d'appel ou d'opposition. Des dispositions spéciales déterminèrent, en même temps, les règles générales à suivre pour la mise aux enchères et l'adjudication des immeubles.

Une autre catégorie de terres réglementées par la loi de 1858, sont les terres *métrouké* et *mévat*. Les premières sont celles qui ont été laissées pour l'usage public, comme les voies publiques, les rues, les cours intérieures des mosquées, les lieux de prière, ainsi que les emplacements réservés dans l'intérieur ou à l'extérieur des villes et des villages pour le remisage des chariots, la réunion du bétail, le battage des grains, etc. D'après le droit civil comme d'après le droit musulman, ces sortes de biens, dont l'usage appartient à tous, ne peuvent être la propriété de personne ; toute vente dont ils seraient l'objet serait, par conséquent, nulle, et l'occupation ne pourrait en être couverte par la prescription.

Dans cette même catégorie, sont compris les bois d'affouage, les lieux de campement et de pâturages d'été et d'hiver, affectés *ab antiquo* à l'usage des communes. La propriété et la jouissance des biens communaux sont, en principe, inaliénables. Des règlements ultérieurs admettent bien, en certains cas, les communes à faire des coupes régulières dans les forêts de l'État, à prendre même le bois qui est utile aux particuliers pour les besoins de leur ménage, pour la construction ou réparation de leurs maisons, greniers, instruments aratoires, etc. Ce droit toutefois ne saurait s'exercer qu'exceptionnellement et avec l'approbation de l'agent forestier.

Quant aux terres « mévat » ou mortes, ce sont celles qui sont situées sur des terrains improductifs et vagues, dont la possession ni l'usage ne sont à personne et qui sont placées loin des localités habitées, à une distance « d'où on ne peut entendre le cri d'un homme ayant une voix éclatante ». La loi civile considère ces terres comme des dépendances du domaine public ; quiconque veut les défricher, doit en demander l'autorisation à l'agent du domaine, qui lui délivrera un titre de tapou en vertu duquel il en devient de plein droit propriétaire.

*
* *

Telles étaient, telles sont encore, en majeure partie, les dispositions qui régissent la propriété immobilière en Turquie. Quel est le sort des Européens au milieu de cette législation enchevêtrée, compliquée, assurément bizarre ?

Le Code de 1858 ne renferme aucune disposition relative aux étrangers. A cette époque le droit de propriété et de possession légale ne leur était pas encore reconnu. Cependant, à la faveur du développement de plus en plus actif qu'ont pris, dans la seconde moitié de ce siècle, à la suite de la guerre de Crimée, les relations commerciales de l'Europe avec le Levant, un certain nombre d'étrangers établis dans les Échelles avaient cherché à devenir propriétaires, quelques-uns en empruntant la nationalité ottomane, et la plupart, en faisant rédiger les titres au nom de sujets ou sujettes raïas.

L'intéressé recevait du prête-nom une déclaration constatant qu'il était le véritable propriétaire ou possesseur de l'immeuble en question. Cette modalité, pratiquée à la connaissance du gouvernement ottoman, donnait, du reste, rarement lieu à des plaintes et il serait difficile de citer des cas où l'étranger ait été dépouillé de son bien et où l'administration compétence ait dénié à l'autorité consu laire le droit d'intervenir, à l'occasion, pour sauvegarder les intérêts de ses nationaux.

Quoi qu'il en soit, un semblable système parut constituer un état de choses anormal et de nature à engendrer des abus. Aussi les puissances appelèrent-elles l'attention du gouvernement du sultan sur la nécessité de régulariser cette situation.

La concession du droit de propriété aux étrangers était présentée aux ministres turcs comme une des réformes les plus importantes à accomplir et qui aurait pour conséquences d'attirer en Turquie les capitaux européens, en favorisant la création, dans ce pays, d'établissements industriels et agricoles. La Porte accueillit, en principe, ces ouvertures et, lors de la promulgation du hatti humaïoun de 1858, elle prit, à cet égard, un engagement formel. En affirmant, dans cet acte, son intention d'exécuter intégralement le programme des réformes administratives, judiciaires et économiques inscrites dans le Hat de Gulhané de 1839, le gouvernement impérial déclarait qu'il pourra être permis aux étrangers de posséder des propriétés immobilières, sous la réserve de se conformer aux lois et règlements de police et d'acquitter les mêmes charges que les indigènes, et après que des arrangements auront été conclus, à cet effet, avec les diverses puissances.

Mais ces conditions n'étaient pas compatibles avec le maintien du régime applicable, en vertu des capitulations, aux étrangers. Nous avons dit, en effet, qu'en Turquie, les étrangers relèvent de leur autorité naturelle : les contestations qui surviennent entre eux sont portés devant le tribunal consulaire de leur nation, lorsque les parties sont de la même nationalité, et devant le tribunal consulaire du défenseur, si elles appartiennent à des nationalités différentes. Leur domicile est, en quelque sorte, inviolable, en ce sens qu'il est interdit à l'autorité locale d'y pénétrer pour faire des perquisitions et arrestations, sans l'assistance d'un délégué du chef de mission ou du consul. D'autre part, en matière mixte, c'est-à-dire dans les réclamations civiles ou commerciales entre étrangers et sujets ottomans, dont l'examen est dévolu à la justice locale, ainsi que dans les affaires criminelles, correctionnelles et les contraventions de simple police où ils peuvent se trouver mêlés, la procédure est suivie avec le concours d'un délégué de l'autorité consulaire, que l'étranger en cause soit demandeur ou défendeur, et le jugement sur l'arrêt à intervenir doit, pour être valable et exécutoire, être rendu en présence de ce délégué.

Or, la concession du droit de propriété aux étrangers n'entraînait-elle pas la nécessité de modifier ce système à l'égard des étrangers qui auraient voulu en bénéficier ? Eût-il été possible notamment d'attribuer aux tribunaux consulaires la compétence en matière immobilière et pour toutes les questions de droits réels, lorsqu'en tous pays les immeubles sont régis par la loi territoriale ? Les gouvernements intéressés, admettant les réserves mises par la Porte à la concession qui lui était réclamée, consentirent à ce que leurs nationaux fussent soumis directement à la juridiction ottomane pour toute les contestations auxquelles pourraient donner lieu les immeubles qu'ils auraient acquis, à la condition toutefois que les garanties résultant des capitulations, en ce qui concerne leur personne et leur domicile, seraient rigoureusement maintenues. D'un autre côté, il y avait lieu de prévoir que des étrangers, dans le but de se livrer à des exploitations agricoles, auraient la pensée d'aller s'établir dans l'intérieur des provinces, à une distance plus ou moins éloignée des résidences consulaires et dans les localités où il n'existerait pas de représentant de leur nation. Les négociations engagées en vue de la solution des différentes questions aboutirent à une entente, à la suite de laquelle fut édictée la loi du 16 juin 1867 (7 séfer 1284), bientôt acceptée par la France, par le protocole de 1868.

Aux termes de cette loi, les étrangers sont admis au même titre que les sujets ottomans, et sans autre condition, à jouir du droit de propriété des immeubles urbains ou ruraux dans toute l'étendue de l'empire, à l'exception de la province du Hedjaz. Ils sont placés, relativement à leurs biens immeubles, sur le même pied que les indigènes, et « cette assimilation a pour effet de les obliger à se conformer aux lois et règlements de police ou municipaux qui régissent la jouissance, la transmission, l'aliénation, l'hypothèque des propriétés foncières, à acquitter toutes les charges et contributions, et à les rendre directement justiciables des tribunaux civils ottomans pour toutes les questions relatives à la propriété foncière et pour toutes actions réelles, tant comme défendeurs que comme demandeurs, même lorsque l'une ou l'autre partie sont sujets étrangers ».

Le tribunal consulaire est donc absolument incompétent en matière immobilière, même dans le cas, qui s'est présenté souvent dans la pratique, où il s'agirait de procéder à la vente, en exécution du jugement qu'il aurait rendu, d'un immeuble appartenant à la partie condamnée.

D'un autre côté, en raison de l'impossibilité matérielle dans laquelle se trouvait le consul d'assister, par devant la justice locale, les nationaux établis dans l'intérieur du pays au delà de neuf heures de marche de sa résidence, il a été décidé que, pour les contestations autres que celles concernant des questions de propriété qui n'excèdent pas 1,000 piastres (230 francs) et les contraventions pouvant entraîner des amendes dont le maximum ne dépasserait pas 500 piastres (115 francs), ils seront jugés directement par le conseil des anciens du village ou par le tribunal du chef-lieu de canton où ils auraient fixé leur résidence. Ces jugements sont susceptibles d'appel par devant le tribunal du sandjak où l'affaire sera examinée en présence du consul ou du drogman du consulat. L'appel suspendra toujours l'exécution.

Il résulte explicitement de ces dispositions limitatives que pour les réclamations supérieures à 230 francs et pour les délits ou contraventions pouvant donner lieu à une pénalité d'un chiffre plus élevé que 115 francs, les sujets ottomans demandeurs ne peuvent poursuivre les étrangers que devant les tribunaux situés dans les résidences consulaires. On a dû prévoir, néanmoins, le cas où l'étranger, par suite des difficultés provenant des distances, préférerait renoncer à l'assistance consulaire et saisir directement le tribunal ottoman de ses réclamations, quelle qu'en soit l'importance. Le protocole autorise, dans cette éventualité, les étrangers à se déclarer volontairement justiciables de la justice locale, dans les limites de sa compétence, sauf, s'ils se croient lésés par le jugement qui sera intervenu, à interjeter appel devant le tribunal supérieur du sandjak où ils retrouveront l'assistance de leur consulat. Cet acquiescement devra être constaté par écrit et donné avant tout commencement de procédure.

La loi du 7 séfer reconnaît, en outre, aux étrangers la faculté de disposer par donation ou testament de leurs biens immeubles, en se conformant aux prescriptions de la législation du pays en cette matière. En l'absence d'un acte régulier de donation ou de testament, le règlement de leurs successions immobilières s'opère, d'une manière générale, dans les mêmes conditions que celles des sujets ottomans.

Or, c'est ici qu'apparaissent tous les inconvénients de cette assimilation. En matière successorale, les principes de notre Code civil sont basés sur l'égalité absolue des droits; la loi ottomane, basée sur le *chériat*, favorise, au contraire, les héritiers mâles au détriment des héritiers femelles; elle attribue deux parts aux uns contre une part aux autres.

Un plus grave inconvénient résulte de la question d'indivision. Tandis que la loi française, à peu près universellement adoptée, reconnaît et proclame que « nul n'est forcé de rester dans l'indivision », la loi ottomane prend, pour ainsi dire, le contre-pied de cette formule et pose en principe que, faute par un seul des ayants-droit de donner son consentement à la vente, tous les autres cohéritiers sont forcés de rester dans l'indivision.

Il existe enfin une troisième anomalie en matière de succession; elle concerne l'incapacité des étrangers de se succéder respectivement lorsqu'ils appartiennent à des nationalités différentes et lorsqu'il s'agit de certaines classes d'immeubles.

Ainsi, une Française, propriétaire de diverses fermes appartenant à la catégorie d'*erazi-mirié* ou terres domaniales délaissées, meurt sans postérité. Son frère, sujet autrichien, demande le transfert de ces propriétés en son nom. L'autorité se refuse d'adhérer à cette demande, sous prétexte que les étrangers sont inhabiles à se succéder entre eux lorsqu'ils sont ou parce qu'ils sont de nationalité différente. Qui ne voit les abus d'une telle prétention? Des terres incultes devenues propriétés de rapport et mises en valeur, souvent au prix des plus grands sacrifices, par cela même qu'elles ont appartenu à des Européens décédés sans héritiers directs, tomberaient dans le domaine de l'État, au détriment des héritiers collatéraux. Le Conseil d'État lui-même a paru reculer devant une prétention aussi exorbitante et, par un *parere* en date du 12 juillet 1876 (24 temouz 1291), il a statué que, « quoique le droit de posséder et celui de succéder soient deux choses différentes, il est néanmoins juste que les immeubles acquis par les étrangers, en vertu de la loi leur concédant le droit de posséder, soient dévolus par succession à leurs héritiers légitimes. »

Une telle opinion serait de nature, semble-t-il, à trancher la difficulté dans le sens le plus conforme à l'équité, sans la tendance inévitable des tribunaux ottomans à faire prévaloir, dans les questions immobilières, la doctrine du *chéri*, c'est-à-dire le sens le plus restrictif à la possession de la terre par l'étranger, considéré toujours comme un intrus parmi les peuples de l'Islam.

De la doctrine pratiquée en matière d'indivision, il résulte souvent que, faute d'entente entre cohéritiers, les immeubles se détériorent, restent improductifs, et finissent par perdre toute leur valeur. S'il y a des mineurs, les personnes que la loi investit des fonctions de tuteur ou de curateur sont impuissantes à sauvegarder les intérêts de leurs pupilles et à exercer le mandat tutélaire qui leur est confié. Et, comme les immunités attachées aux questions des personnes, à leur statut personnel et à leurs biens meubles ont été expressément réservées, qu'elles échappent à la juridiction locale pour ne relever que de la juridiction consulaire, il se rencontre que, dans une seule et même succession, des Européens se trouvent en présence des deux systèmes de partage dont l'un contredit l'autre et souvent le détruit.

La série des complications concernant la propriété immobilière ne s'arrête pas là. Elle se poursuit et se complète d'une manière beaucoup plus sensible, car la chose est d'usage courant et pèse sur les étrangers sous la forme d'un impôt direct, par l'estimation des immeubles.

Dans le principe, cette estimation s'effectuait au moyen de commissions mixtes comprenant deux membres de chaque colonie européenne nommés dans leurs consulats respectifs, à la majorité des suffrages de leurs compatriotes. Ce système offrait aux propriétaires étrangers des garanties d'une juste et saine estimation, basée sur le montant du revenu de leur propriété. Peu à peu, l'élément étranger a été éliminé et cette estimation se fait aujourd'hui par des commissions composées exclusivement de membres ottomans, directement désignés par l'autorité locale. La taxe est décrétée, non plus sur le montant du revenu, mais sur la valeur d'une estimation presque toujours arbitraire, fantaisiste, onéreuse, dont le résultat est de grever le propriétaire et de déprécier la propriété.

En résumé, la concession du droit accordé aux étrangers d'acquérir des immeubles dans l'empire ottoman ne paraît pas avoir produit jusqu'à présent les résultats qu'on se plaisait à en attendre. Devant les inconvénients qui ont été signalés ci-dessus, le nombre de ceux qui ont voulu bénéficier de cette faveur est resté très limité et il ne semble pas que cette importante mesure soit appelée avant longtemps à exercer sur le mouvement économique du pays une influence appréciable. Les acquisitions qui ont été faites jusqu'ici par des étrangers se composent, en effet, presque exclusivement d'immeubles urbains, situés dans les villes commerçantes du

littoral européen ou asiatique de l'empire, où ils tiennent généralement des comptoirs et sont groupés en colonies plus ou moins
compactes autour des résidences consulaires. La présence du représentant de leur pays assure à leurs personnes une protection
efficace. Ils peuvent aussi, relativement à leurs intérêts immobi-
liers, pour le règlement desquels ils relèvent directement des juridictions locales, recourir parfois à l'intervention officieuse de
leur autorité naturelle pour empêcher tout déni de justice dont ils
pourraient être éventuellement menacés, bien que les Turcs aient
aujourd'hui une tendance très marquée à écarter de plus en plus
l'ingérence des autorités consulaires dans toutes les questions concernant la propriété.

Dans l'intérieur du pays, au contraire, quelques rares étrangers
ont acquis des immeubles ruraux. Cette abstention s'explique
d'elle-même, si l'on songe que les garanties pour la sécurité des
personnes et des biens diminuent et disparaissent presque complètement, au fur et à mesure qu'on s'éloigne davantage des centres
populeux, par suite de l'insuffisance des moyens de police et de la
mauvaise administration de la justice. Ces conditions défavorables
sont encore aggravées par l'action arbitraire et oppressive des
agents du fisc dans la perception des impôts, sans parler des
obstacles de toutes sortes résultant du manque de voies de communications qui rendent difficile toute exploitation agricole.

A un point de vue général, la complication du régime auquel la
propriété immobilière est actuellement soumise en Turquie et,
pour les terres mirié, mevcoufé et vacouf, qui composent la
presque totalité du territoire, la situation précaire du possesseur,
dont l'intervention permanente de l'agent du domaine et de l'administration des vacoufs paralyse toute initiative, enfin les graves
inconvénients qui résultent du régime des successions, contribuent
à détourner un grand nombre d'étrangers de l'intention d'acquérir
des immeubles, de même qu'ils empêchent bien des familles de
compromettre la fortune de leurs enfants dans des entreprises
pleines de risques et n'offrant ni sécurité d'avenir, ni garanties de
protection.

Ce n'est pas seulement l'abandon de cette protection par l'adhésion des divers États à la loi du 7 séfer qui constitue un danger
pour les Européens; leur sort se trouve compromis par les contra-
dictions qui résultent aussi bien entre les lois de leur pays et les

lois locales, qu'entre les lois locales elles-mêmes. Il est à peine besoin de faire ressortir la confusion que produit le fonctionnement parallèle de deux systèmes de législation religieuse et civile dans une même matière, appliqués, il est vrai, par des tribunaux séparés, mais souvent mêlés l'un à l'autre, car certaines dispositions de la loi civile sont également applicables devant les tribunaux du *chéri* et, de leur côté, les tribunaux civils ont la faculté de recourir, s'il y a lieu, à la loi religieuse pour les cas que la loi religieuse n'aurait pas prévus. Enfin, la tendance qui porte chacun de ces deux ordres de juridiction à empiéter l'un sur l'autre constitue une source de tiraillements et de conflits au préjudice des intérêts des justiciables.

Le remède à un tel état de choses, se demandera-t-on? — car une situation aussi anormale ne saurait se prolonger sans de graves inconvénients.

Il est vrai, s'il faut en juger par l'esprit des dispositions législatives édictées dans ces derniers temps, que le gouvernement ottoman, frappé lui-même de cette dualité de juridiction, semble décidé à y mettre fin. Depuis la création des tribunaux civils, il a affirmé, en effet, par diverses mesures, son intention d'augmenter l'importance de ces nouveaux tribunaux en étendant progressivement le cercle de leurs attributions. On se plaît ainsi à espérer que l'antagonisme existant entre les deux juridictions en présence se terminera, dans un avenir plus ou moins prochain, par la disparition des tribunaux religieux.

C'est là une erreur; quelles que soient les réformes auxquelles la Turquie peut se prêter dans le domaine législatif, elle n'ira jamais jusqu'à abolir un système de juridiction qui remonte à la source sacrée, c'est-à-dire qui émane du Coran, et qui tient, par conséquent, aux racines indestructibles de ses croyances. Elle pourra améliorer, étendre, augmenter l'œuvre de sa législation positive, promulguer de nouveaux codes, compléter la série de ses réformes; elle n'ira jamais, en matière de propriété foncière, jusqu'à la sécularisation complète de ses vacoufs et à l'abolition de ses tribunaux religieux. Le voudrait-elle, qu'elle ne le pourrait pas devant la redoutable opposition des ulémas, gardiens jaloux de la loi et farouches observateurs de la tradition. Certes, les intérêts économiques du pays et les besoins de plus en plus pressants de l'État appelleraient la transformation de la possession actuelle en propriété effective et justifieraient, à tous les points de vue, une si utile réforme. Mais pour l'accomplir, il faudrait tenter une double révolution dans le domaine civil et dans le domaine religieux, et aucun souverain, pensons-nous, n'oserait en courir le risque.

Dans ces conditions, il est permis de se demander si le système préconisé par le régime des capitulations, en s'inspirant de l'incompatibilité absolue des mœurs qui existe entre musulmans et chrétiens, et en défendant à ces derniers de devenir propriétaires d'immeubles en Turquie, n'est pas encore préférable au système de législation actuelle. Sans doute, sous l'empire de ce régime restrictif en ce qui touche la propriété foncière, la possession légale n'était pas reconnue, et les équivoques résultant de la possession fictive, bien que n'ayant donné lieu à aucune plainte, pouvaient présenter quelques inconvénients; mais ce régime, fondé sur la nature des choses, sur la connaissance approfondie des deux sociétés en présence, avait du moins cet incontestable avantage de ne livrer aucune partie de la juridiction concernant les étrangers à l'arbitraire des autorités locales et de ne laisser aucune porte ouverte aux abus.

Dans l'état actuel des choses, ces abus ne peuvent être réglés que par l'initiative des puissances qui ont adhéré à la loi du 7 séfer 1284 et qui en ont vu les effets. Toutes les puissances n'ont pas adhéré d'emblée à cette loi; quelques-unes, plus prudentes ou plus avisées, ont laissé à une expérience de plusieurs années le soin d'apporter la preuve de ses avantages ou de ses inconvénients. L'Italie ne l'a acceptée, pour ses nationaux, qu'au bout de cinq ans; la Russie, au bout de dix. Encore ont-elles apporté à leur consentement des réserves expresses et demandé à la Porte des garanties fondamentales, notamment en ce qui regarde le statut personnel et le régime des successions immobilières de leurs ressortissants. Mais quelles que soient les garanties qu'elles ont pu obtenir par la voie diplomatique, leurs sujets, comme ceux des autres puissances, sont livrés, en fait, aux tribunaux du pays, seuls maîtres de la juridiction et n'admettant pas de partage. En cas de conflit, n'ont-ils pas toujours le dernier mot, puisque l'exécution des jugements leur appartient souverainement, qu'ils en connaissent l'inextricable procédure et qu'ils savent mettre au besoin à son service le moyen le plus puissant qui soit au monde : la force d'inertie?

Gustave CIRILLI,
auteur de l'ouvrage Le Régime des Capitulations
par « Un ancien diplomate ».

Paris. — Imprimerie F. Levé, rue Cassette, 17.

ÉCOLE DE LA PAIX SOCIALE

1re Section — Œuvres de Le Play, éditées à Tours par MM. A. MAME et

Les Ouvriers européens. 6 vol. in-8° (vendus séparément)............ 39 fr.
La Réforme sociale en France. 7e édition. 3 vol. in-18................ 5 fr.
L'organisation du travail. 6e édition. 1 vol. in-18................... 2 fr.
L'organisation de la famille. 4e édition. 1 vol. in-18............... 2 fr.
La Paix sociale après les désastres de 1871. 1 brochure in-18....... 0 fr. 60
La Correspondance sociale. 9 brochures in-18........................ 2 fr.
La Constitution de l'Angleterre. 2 vol. in-18....................... 4 fr.
La Réforme en Europe et le salut en France. 1 vol in-18............. 1 fr. 50
La Constitution essentielle de l'humanité. 2e édition. 1 vol. in-18. 2 fr.
La Question sociale au xixe siècle. 1 brochure in-18................ 0 fr. 30
L'École de la paix sociale. 1 brochure in-18........................ 0 fr. 20

IIe Section. — Publications de la Société d'Économie sociale

Les Ouvriers des deux mondes. 1re série, 5 vol. in-8°............... 80 fr.
    2e série; ch. tome 15 fr., t. V, en cours; chaque monographie. 2 fr.
Instruction sur la méthode des monographies. Nouv. édit. 1 vol. in-8°. 2 fr.
Bulletin des séances de la Société d'Économie sociale. 1re série 9 vol. in-8° 68 fr.
La Réforme sociale. 1re série (1881-1885), 10 vol. in-8°........... 80 fr.
    2e série (1886-1890), 3e série (1891-1895), chac. 80 fr. — 4e série, ch. vol. 7 fr.
Annuaires des Unions et de l'Économie sociale, 5 vol.............. 15 fr
Exp. de 1867. Rapport sur les ateliers qui conservent la paix sociale. in-8° 1 fr.
La Réforme sociale et le centenaire de la Révolution. Travaux du Congrès
   de 1889, avec une lettre-préface de M. Taine, et une introduction sur
   les principes de 1789, l'ancien régime et la Révolution. In-8° (*en petit
    nombre*).. 10 fr.
Les Unions de la paix sociale leur programme d'action et leur méthode
d'enquête, par A. Delaire, secrétaire général des Unions. 6e édit. br. in-32 0 fr. 15

BIBLIOTHÈQUE ANNEXÉE

F. Le Play. Choix de ses œuvres avec une biographie par M. Auburtin
  et un portrait 1 vol. in-16, cart. LXXIV - 251 pages............ 1 fr. 75
Ch. de Ribbe. Les Familles et la Société en France avant la Révolution
  d'après des documents originaux : 4e édition, 2 vol. in-12. 4 fr. — La
  Vie domestique, ses modèles et ses règles. 2 vol. in-12. 6 fr. — Une
  famille au xvie siècle. 1 vol. in-12. 2 fr. — Le Livre de Famille. 1 vol.
  in-12. 2 fr. — Le Play d'après sa correspondance. 1 vol. in-18. Pour les
  membres, 1 fr. 60; pour le public.............................. 3 fr. 50
Claudio Jannet. Les États-Unis contemporains, avec une lettre de M. F.
  Le Play : 4e édit., 2 vol. in-12. 8 fr. — Le Code civil et les réformes
  indispensables à la liberté des familles. 1 br. in-18. 0 fr. 30. — Le so-
  cialisme d'État et la réforme sociale, 2e édit. 1 vol. in-8°, 7 fr. 50. —
  Le Capital, la Finance et la Spéculation. 1 vol. in-8°, 8 fr. — Les
  grandes époques de l'histoire économique, 1 vol. in-12 (pour les
  membres, 2 fr. 80)... 3 fr. 50
Jules Michel. Manuel d'économie politique et sociale, 1 vol. in-12...... 2 fr.
Comte de Butenval. Les lois de succession appréciées dans leurs effets
  économiques par les Chambres de commerce de France. 4e édit. in-18. 0 fr. 60
Jh Ferrand. Les Pays libres, leur organisation et leur éducation d'après
  la législation comparée. Ouvrage couronné par l'Institut. 1 vol. in-18. 3 fr. 50
— Les Institutions administratives en France et à l'étranger, 1 vol. in-18. 6 fr. »
Léon Lefébure. Le Devoir social. 1 vol in-12........................ 3 fr.
G. Picot, de l'Institut. Un Devoir social et les logements ouvriers. in-18. 1 fr.
Comte de Bousies. Les lois successorales dans la société contempo-
  raine. 1 vol. in-8°, 2 fr. 50. — Le Collectivisme et ses conséquences.. 2 fr. 50
P. du Maroussem. La Question ouvrière : 4 vol. in-8° avec trois préfaces
  de M. Funck-Brentano. — I. Les Charpentiers de Paris; II. Ébénistes
  du faubourg Saint-Antoine; III. Le jouet parisien; IV. Les Halles.
  — Ch. vol... 6 fr.
A. Coste. Alcoolisme et Épargne, 2e édition, in-32................ 0 fr. 50

ENQUÊTE SUR LES FAMILLES ET L'APPLICATION DES LOIS DE SUCCESSION

Hors série. — *La liberté de tester*, discussion dans cinq séances de 1867 de la Société d'économie sociale rapporteur, M. Batbie; orateurs MM. F. Le Play, Wolowski, Claudio Jannet, Foucher de Careil, Blaise des Vosges, Léon Donnat, etc.). — 1 vol. in-8°, 168 p. Prix : 3 fr.

Première série, 1867-1868. — Ch. fascicule : 2 fr.

I. — Enquête dans le département de l'Isère, par M. Claudio Jannet; dans le département de la Drôme, par M. Helme; et dans les Pays basques, pas Don Antonio de Trueba; suivie du rapport de M. Augustin Cochin à la Société d'économie sociale et de la discussion dont il a été l'objet.

II. — Enquête dans les départements des Basses-Alpes, des Hautes-Alpes, des Alpes-Maritimes, des Bouches-du-Rhône, du Var, de Vaucluse et partie du Gard, faite de septembre 1867 à février 1868, par M. Claudio Jannet, avocat à Aix; suivie du rapport de M. Albert Gigot à la Société d'économie sociale et de la discussion dont il a été l'objet.

Deuxième série, 1884-1896. — Ch. fascicule : 2 fr.

I. — Avertissement, p. 1. — Le domaine du paysan devant la coutume et le code, rapport général de M. Ad. Focillon, p. 3 — Index; définitions et indications bibliographiques, p. 29. — Travaux et mémoires : I. La famille rurale des Cévennes, autrefois et aujourd'hui, par M. Ad. Mathieu, p. 35. — II. L'état des familles dans un canton de la Franche-Comté, par M. Fusenot, p. 56. — III. La situation des familles dans un village du pays basque français, par M. Louis Etcheverry, p. 67. — IV. La famille et les lois de succession dans un village de la Guyenne, par M. E. Vigouroux, p. 84. (*Ce fascicule est épuisé.*)

II. — Avant-propos, p. 1. — I. Pétition de M. Jules Fourdinier au Sénat, p. 3. — II. Projet de loi ayant pour objet d'assurer la protection de la petite propriété, p 9. — III. La protection de la petite propriété devant les sociétés savantes : MM. Méplain, Welche, Claudio Jannet, A. Saglio, etc., p. 21. — IV. La question du Homestead en Angleterre : *Pro aris et focis*, par M. Devas, p. 35. — V. La petite propriété aux États-Unis, par M. G. Ardant, p. 49. — VI. L'institution du Homestead : aperçu des dispositions qui pourraient être adoptées pour réaliser cette réforme en France, par M. Saturnin Vidal, p. 61. — VII. La nouvelle loi autrichienne en faveur de la transmission intégrale de l'atelier rural, par le Dr Walter Kaempfe, p. 69.

III. — Avant-propos, p. V. — Index bibliographique (1) pour servir aux études sur l'organisation de la famille, p. VII. — **Études générales:** I. L'autorité paternelle et le droit de succession des enfants, par M. E. Glasson, de l'Institut, p. 1 — La famille devant les droits de mutation : les familles fécondes surtaxées, par M. A. Mathieu, p. 20. — **Enquêtes et monographies locales :** 1. La famille creusoise devant les prescriptions du code et l'endettement hypothécaire, par M. Henry Clément, p. 315. — II. Un coin de la France du centre : monographie du village du Temple (arrondissement de Brive, Corrèze), par M. Paul Dubost, p. 55. — III. Une enquête sur la propriété et la culture dans le Boulonnais, par M. C. Furne, p. 101.

IV. — I. Le foyer ou le bien de famille, sa conservation, sa transmission héréditaire, par M. de Loynes, p. 1. — II. La protection de la petite propriété rurale et le Homestead en Russie, par M. Pobedonotzeff, p. 39. — III. Les réformes successorales à l'île Maurice, par M. A. de Boucherville, p. 44. — IV. La maison ouvrière et les réformes successorales d'après la proposition de loi de MM. Siegfried, Aynard, etc., p. 48. — V. L'institution et l'organisation des Rentengueter dans le royaume de Prusse, par M. Ernest Dubois, p. 56. — VI. La constitution de la famille et du patrimoine sous le for en Béarn; persistance des idées anciennes sous le code, par M. Louis Batcave, p. 85. — VII. La protection de la petite propriété en Italie, par M. le professeur Santangelo Spoto, p. 136. — VIII. Une loi anglaise sur les petits domaines agricoles, par M. J. Cazajeux, p. 140. — IX. Les sociétés de famille dans le droit civil portugais, par M. F. Lepelletier, p. 145.

V. — I. Les lois d'Homestead exemption aux États-Unis, par MM. E. Levasseur, de l'Institut, et Henry C. Hall, p. 1. — II. L'Homestead en France, par MM. Levasseur, Léveillé, abbé Lemire, p. 35. — III. L'institution des biens de famille devant le Parlement Italien, par M. Santangelo Spoto, p. 61. — IV. Commentaire de la loi du 30 novembre 1894 sur les habitations à bon marché, par M. Jules Challamel, p. 75. — V. Les partages d'ascendants : réformes juridiques et fiscales qu'ils réclament, par MM. Ch. Hardy et Louis Fournier. p. 92.

Troisième série, ouverte en 1898. — Ch. fascicule : 1 fr.

I. — Le nouveau régime successoral institué par la loi du 30 novembre 1894, par M. Jules Challamel, p 1. — De la liberté chez les peuples étrangers et en France, par M. Raoul de la Grasserie, p. 30. — La jurisprudence de l'assurance sur la vie et la quotité disponible, par M. Thaller, p. 98.